广西全民阅读书系

广西全民阅读书系

张亚雄 著

李 露 覃凤娟 钟璐 绘

中国近代气象科学奠基人竺可桢

小学版

广西出版传媒集团　　广西科学技术出版社

图书在版编目（CIP）数据

中国近代气象科学奠基人竺可桢 / 张亚雄著；李露，覃凤娟，钟璐绘 . —— 南宁：广西科学技术出版社，2025.4. —— ISBN 978-7-5551-2440-5

Ⅰ.K826.14-49

中国国家版本馆 CIP 数据核字第 2025 WK 5184 号

ZHONGGUO JINDAI QIXIANG KEXUE DIANJIREN ZHU KEZHEN
中国近代气象科学奠基人竺可桢

总 策 划　利来友

监　　制　黄敏娴　赖铭洪
责任编辑　谢艺文
责任校对　郑松慧
装帧设计　李彦媛　黄妙婕　杨若媛　梁　良
责任印制　陆　弟

出 版 人　岑　刚
出　　版　广西科学技术出版社
　　　　　广西南宁市东葛路 66 号　邮政编码　530023
发行电话　0771-5842790
印　　装　广西民族印刷包装集团有限公司
开　　本　710 mm × 1030 mm　1 / 16
印　　张　3.25
字　　数　47 千字
版次印次　2025 年 4 月第 1 版　　2025 年 4 月第 1 次印刷
书　　号　ISBN 978-7-5551-2440-5
定　　价　19.80 元

如发现印装质量问题，影响阅读，请与出版社发行部门联系调换。

科学精神是什么?

科学精神就是"只问是非,不计利害"。

——竺可桢

　　竺家原居浙江省绍兴县东关镇（今绍兴市上虞区），世代务农，到了竺嘉祥这一代已是地少人多，迫于生计，年少的竺嘉祥不得不离开家乡，到东关镇开小米铺谋生。不久之后，他与性情温和、勤劳节俭的顾金娘结婚，夫妻二人同心协力，将生意打理得井井有条。几年之后，他们开了一家米行，生意越做越红火。

　　竺家人丁兴旺，两个儿子、三个女儿相继出生。1890年3月7日，竺家新落成的房子里传出了响亮的婴儿啼哭声，竺可桢呱呱坠地了。

　　竺嘉祥夫妇二人非常疼爱竺可桢，为他起名"兆熊"，亲昵地叫他"阿熊"。后来，他们请镇上私塾里的教书先生为他起了一个响亮的学名——竺可桢，期盼他长大能成为栋梁之材。

　　竺嘉祥希望孩子们能好好读书，通过读书谋得好前程，光耀门楣，于是先后把竺可材、竺可谦、竺可桢兄弟三人都送进私塾。

3

　　竺可桢没有辜负父母的厚望，他非常勤奋好学、酷爱读书。他尤其喜欢屈原、杜甫和陆游等爱国诗人的作品，对他们的学识和思想很是钦佩。受到这些历史人物的影响，竺可桢渐渐萌生了爱国思想。

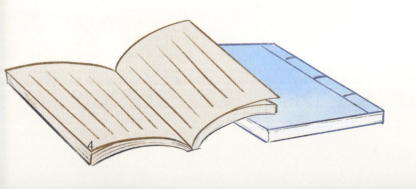

进入学堂不到两年，竺可桢便能熟练诵读《弟子规》《百家姓》《三字经》《千字文》等蒙学经典。书中蕴含的中华优秀传统文化，对竺可桢自强不息、公忠坚毅性格的形成大有裨益。

竺可桢读书很用功，母亲怕他累坏了，就常以陪学的方式督促他早睡。有时他随母亲一起睡下，可一听到鸡叫，知道天快亮了，就又悄悄爬起来学习。

竺可桢从小就特别热爱大自然，对大自然中的各种现象充满好奇，也总是留心观察。竺可桢发现，每年清明节回老家祭祖时，周围的景物都不太一样，于是就问一起玩耍的叔伯兄弟："为什么有些花这个时候开，有些花那个时候开？为什么会刮风下雨？为什么燕子能飞这么快？……"他们从未思考过这些问题，也不知道其中的缘由，于是满不在乎地回答："一直就是这样，没什么稀奇的。"

竺可桢仍满腹疑问，就跑去问大哥竺可材。大哥笑着告诉他："这是节气的缘故。一年有二十四个节气，我们播种、收割要遵循节气，燕子来去、花开花落也依照节气。"

从此，竺可桢对节气产生了浓厚的兴趣。他一一记录每年桃花盛开和燕子来去的时间，并进行比对。当时，大家都不理解他的做法，他自己也没想到，这种由好奇心驱使的习惯，他保持了一生。

　　有一次，下雨了，竺可桢站在门口聚精会神地数从屋檐落下的水滴。数着数着，他发现，从同一个地方落下的水滴总会滴在同一个小坑里。石板上的那个小坑难道是被水滴砸出来的？为什么水滴能将坚硬的石板砸出小坑？他带着自己的发现和疑惑，急匆匆地跑去找父亲。

　　竺可桢向父亲讲述自己的"大发现"，父亲耐心地向他解释："石板上的小坑是被不停滴下来的水滴磨出来的，这就叫'水滴石穿'！别看一滴一滴的水没有多大的力量，但日久天长，再硬的石头都会被磨穿。读书也是这个道理，只有持之以恒，才会有所成就。"

　　"只有持之以恒，才会有所成就。"竺可桢若有所思地点了点头，记住了父亲的话。从此，"水滴石穿"在竺可桢心里扎下了根，成为他一生的座右铭。他也开始明白，任何普通现象的背后都可能蕴含着深刻的道理。

竺可桢成为一名气象学家，与童年时的见闻密不可分。在父亲的永茂米行里，竺可桢接触到了社会上形形色色的人，其中有富人商贾，也有地痞流氓，但他印象最深的，还是那些贫苦农民。

在米行里，竺可桢经常听到父亲和农民的对话。

"今年收成不好，日子还过得去吗？"

"唉！不好过，人种天收啊！"

　　这样的对话，让竺可桢感受到人类在大自然面前的无能为力。他不由得想起唐代诗人李绅所写的古诗《悯农》："春种一粒粟，秋收万颗子。四海无闲田，农夫犹饿死。"他心想，进出米行的农民，躬耕田亩，看天吃饭，但他们无从知晓天气情况，所以总是收成不佳，致使生活困顿，如果他们可以提前知道天气情况，或许会有好的收成。于是他暗暗立誓，一定要找到天气变化的规律，改变人种天收的状况。

　　学识渊博的章镜尘是竺可桢的老师，他对竺可桢的成长影响较大。

　　当《辛丑条约》签订的消息传到东关镇时，章镜尘为国家的前途忧心忡忡，竺可桢也悲愤不已。章镜尘在课堂上问大家："在诸位看来，何为'苦'，何为'甜'？"

　　"不吃苦中苦，难得甜上甜。"

　　"黄连最苦，蜂蜜最甜。"

　　"穷人生活最苦，富人生活最甜。"

　　……

12

　　学生们七嘴八舌的答案，章镜尘似乎都不太满意。他望向竺可桢，示意竺可桢回答问题。竺可桢站起来，满脸严肃而愤懑地说："丧权辱国最苦，国富民强最甜。"这个回答让章镜尘不禁拍案叫绝，也让在场的同学折服。

　　为了使国家富强起来，改变国家的落后状况，让国家不再受外国列强的凌辱，竺可桢秉持强烈的爱国情怀，步履坚定、奋勇向前。他一生坚持追求真理、敢为人先，矢志爱国救亡、奉献社会，为我国气象事业的发展作出了令人瞩目的贡献。

　　1905 年，竺可桢以全优的成绩从小学毕业，到上海澄衷学堂就读。有一名姓胡的同学嘲笑他"活不过 20 岁"，其他同学以为竺可桢听到这些话会难过，没想到竺可桢却说："我应该谢谢他呢！"

　　原来，竺可桢自小体弱多病，而且读起书来废寝忘食，常常忘了锻炼身体。竺可桢心想：既已立志为救国出力，那就必须先战胜自己的身体！

于是，他连夜制订了详细的锻炼计划，并写下"言必行，行必果"六个大字激励自己。此后，他每天早起按计划锻炼身体，风雨无阻。

坚持一个学期后，竺可桢的身体日趋强健，再也没有请过病假，学习成绩也更好了。同学们对竺可桢刮目相看，连过去讥讽竺可桢的同学，也称竺可桢是"德体并重"的榜样，还推选竺可桢为班长。

　　1908 年，竺可桢进入复旦公学学习。这年冬天，竺可桢从家信中得知母亲病重，当他急匆匆赶回家时，却再也见不到母亲了。

　　1909 年，竺可桢考入唐山路矿学堂。当时，唐山路矿学堂教数学、物理等课程的教师都是外国人，他们从不叫学生的名字，只叫学生的编号。对此，竺可桢和同学们都非常气愤，觉得这是对中国人的侮辱。

　　一天，英国教师提出一个问题，头也不抬地让 227 号学生回答，但无人应答。见无人回应，英国教师又提高嗓门喊了一声："227 号！"，可还是没有人站起来。

　　同学们知道 227 号是竺可桢，都向他投去疑惑又担心的目光。

　　英国教师气哼哼地走到竺可桢面前，瞪着眼睛大吼："227 号！"竺可桢毫无惧色地站起来说："我叫竺可桢。"随后，他用英语流利地回答了问题。他的回答是正确的，英国教师只好悻悻回到讲台。

　　这件事在学校传开了，同学们都赞扬竺可桢有魄力、有勇气，为大家争了口气。此后，外国教师再也不用编号代替学生的名字，有时即便叫不出学生的名字，也会表现得很有礼貌。

1910 年 4 月，竺可桢进入唐山路矿学堂刚满一年，第二批庚子赔款留学考试便开始报名了。当时，竺可桢的家里已无力支持他继续学习，所以公费留学让他看到了一线希望。这次考试全国共有 1000 多人报名。竺可桢用仅有的两个多月时间全力备考，最终顺利通过考试，成为被录取的 70 名学生之一。

远渡重洋前，竺可桢回到阔别已久的家乡东关镇。听说他要留洋，全镇像炸开了锅，慕名而来的人不计其数。

见到满脸沧桑、老泪纵横的父亲，竺可桢百感交集，潸然泪下。临行前，竺可桢去了母亲坟前祭拜并立下誓言："无论到了哪里，我都不会忘记故乡，不会忘记母亲的养育之恩。我一定要做出一番事业，为竺家争光，为祖国争光！"

1910 年 8 月，按照留美要求，竺可桢剪掉长辫、换上西装，满怀科学救国的理想，和几十名同学一起远赴美国求学。在悠扬的汽笛声中，他的思绪飞扬，飘向家乡，飘向远方……

　　1910 年 9 月，竺可桢到达美国旧金山。在选择专业时，他想起年幼时在米行听到的父亲与农民的对话，想到中国是一个农业国家，迫切需要先进的农业知识，于是决定前往美国中西部的伊利诺伊大学农学院学习。他要用现代科学手段推动中国农业的发展。

　　在美国求学期间，竺可桢惜时如金，不是专注日常学习就是外出考察，几乎没有休息时间。

　　1913 年，竺可桢以优异的成绩从农学院毕业。竺可桢知道气象对农业生产影响很大，于是在硕士阶段，他选择学习与农业密切相关的学科——气象学。

1913 年 8 月，竺可桢到哈佛大学地学系攻读气象学专业。竺可桢勤奋好学、成绩优异，经常得到老师的赞赏和表扬。

恰在此时，竺可桢得知祖国已经历辛亥革命，延续了两千余年的封建帝制被推翻了，但国内依然民不聊生、局势动荡。竺可桢更加坚定了科学救国的信念，如饥似渴地学习，希望以所学帮助生活在水火之中的同胞，以所学报效祖国。

　　1915 年，竺可桢获得硕士学位。同年，他参与了任鸿隽、赵元任、杨杏佛等留学生发起成立的科学社团组织——中国科学社，并负责社团《科学》月刊的编辑工作。这一社团经常举办学术演讲和科普讲座，对我国科技人才培养与科学事业发展产生了重要影响。

　　1916 年，竺可桢克服中国气象台少、气象观测站少、观测记录缺乏等困难，发表了关于中国降水情况的论文，引起了气象学界及地理学界的关注。

　　由于贡献突出、成果丰硕，竺可桢被美国地理学会吸纳为会员，还获得了爱默生奖学金。之后，他又发表多篇文章，成为当时台风研究领域的权威，不少观点直到今天仍有指导价值。

　　在哈佛大学，竺可桢学到了包括气象学在内的很多科学知识。同时，他对哈佛大学的学风、学制，以及哈佛大学聘请知名教授、提倡学术自由的教学方式心生赞叹，这进一步影响并塑造了他的教育理念，也在他心中埋下了一颗发展现代高等教育的种子。

  留学美国期间，竺可桢还养成了每天写日记的习惯，这一习惯伴随他一生。在日记中，他记录每日的气温、风向、阴晴等气象情况，写下自己关于气象学及科学研究的即时思考。他还养成了随身携带钢笔式温度计的习惯，以便随时测量温度。

  1918年，竺可桢获得哈佛大学博士学位，成为中国第一位气象学博士。当时，竺可桢的研究走在气象学界的前沿，因此他毕业时，美国多个气象台向他发出从事研究工作的邀请。

　　但竺可桢却迫切地希望能回到祖国，用自己所学为国家尽一份力。1918年8月，竺可桢搭乘轮船回到了阔别8年的祖国。

　　当时，上海海关、武昌高等师范学校、南京高等师范学校同时向他发来邀请。思虑再三，竺可桢选择了武昌高等师范学校（今武汉大学）。在那里，他开设地理课、天文气象课，编写新教材，还经常带学生到野外观测气象。他优异的教学成绩得到了师生们的一致好评。

1920 年，竺可桢任南京高等师范学校（后改名为东南大学）地学系主任。在这里，竺可桢培养了我国第一代地理学、气象学工作者，他的许多学生后来都成为颇有建树的气象学家。

在教学中，竺可桢引经据典，深入浅出地把高深、前沿的研究成果转化为学生易于接受的知识。他还非常重视培养学生的实践能力，把野外实习作为地学系的必修课，经常带领学生翻山越岭进行野外考察，观察气象变化。

　　有一次，地学系的学生开露天学术研讨会。那是一个星光璀璨的夏夜，学生们围坐在竺可桢周围，聚精会神地听他讲授知识。竺可桢从天上的二十八星宿谈起，一直讲到航海、测量和农业生产。许多在校园里散步、乘凉的其他院系的学生也被吸引了过来。浩瀚星空之下，师生们在这场别开生面的学术研讨会上热烈讨论，直到深夜，大家才意犹未尽地散去。

　　竺可桢认为，对气象学学生而言，实际的工作能力和科研能力较之考试成绩更重要，不能用分数来衡量学生的学习情况，应该要求学生能够融会贯通，在实践中灵活运用所学知识。东南大学有一处叫梅庵的院落，在这里，竺可桢建了一座小型气象测候所，作为学生的实践基地，以进一步培养学生的实践能力。

　　此外，他非常重视学生的外语学习，还热情地帮助他们翻译科研资料，以便学习外国的学科前沿知识。

　　他的教学成绩与责任心，使他深得学生爱戴，也深受校方重视。

　　除了做好教学工作，他也丝毫不懈怠科研工作，相继发表了一系列有关东南亚台风、历史上气候变迁和发展科学地理学的专著。此外，他还当选中国气象学会首届理事、副会长。自 1929 年起，他多次当选为中国气象学会会长。

　　竺可桢学贯中西，充分利用中国古代典籍中关于物候的记载以及现代科学方法，整理、研究中国气候变化历史，分析并阐释中国天文学领域的记录和现象，这也成为他科研工作中的一个创举，对历史学界与气象学界产生了巨大影响。

中国近代气象科学奠基人竺可桢

    1928 年至 1936 年是竺可桢气象事业生涯中的重要时期，也是他为中国气象科学事业奠基的时期。早在哈佛大学学习时，竺可桢就认识到：气象观测对人们的生产生活有重大意义，更对国家安全有深刻影响。因此，他始终念兹在兹的一件大事，就是发展中国气象事业。

    1928 年，受蔡元培之邀，竺可桢出任中央研究院气象研究所所长，并在南京北极阁筹建气象研究所。

　　那时北极阁一带还是一片荒山。竺可桢与同事们一起翻土种树、建楼修路。他事事亲力亲为，连自来水管都是他亲手接的。在竺可桢的带领下，众人一起努力，没过多久，气象研究所便建成了。

　　1930 年元旦，中央研究院气象研究所正式绘制了东亚地区天气图，并发布了天气预报和台风预报。这是我国独立自主进行气象预报的开始，竺可桢也成为近代中国"问天"第一人。

　　南京的冬天非常寒冷，气象研究所建在山上，更是寒风刺骨、滴水成冰。但不管天气怎样恶劣，气象研究所都必须有人值班。

　　这一天，轮到年轻的测候员朱炳海值班。凌晨5时30分，朱炳海艰难地从被窝里爬起来，准备开展例行工作。6时整，他开始读取气压表、温度表等仪器上的数据。此时，窗外是一片漆黑与寂静。突然，外间办公室的门被打开了，一阵寒气袭来。竺可桢微笑着走了进来，他拍了拍朱炳海的肩膀，亲切地说："你继续工作吧。我睡不着，来这里看看。"

　　这样的情景经常在北极阁上演。竺可桢不是不怕寒冷，他早早出门上山，是担心测候员有疏漏之处，尤其是天气恶劣时，更需要准确的气象数据。他经常亲自检查，若发现漏记、漏测，就会及时提醒并指出问题。

　　竺可桢严肃认真、一丝不苟的学风和工作作风，深深影响了他的学生和同事，大家受益良多。后来，朱炳海成为南京大学教授、气象系主任，每忆及此事，他都对竺可桢严谨求是的科学精神钦佩有加。

中国近代气象科学奠基人竺可桢

　　当时，我国的气象科学研究正处于起步阶段，学习气象的人还很少。为此，1929年3月，竺可桢开办为期40天的气象学习班并亲自授课。气象学习班结业后，学员立即被分配到全国各地的观测台站工作，他们都受到了欢迎与认可。

　　后来，竺可桢又组织了第二、第三和第四期气象学习班。四期气象学习班共有近百名学员，其中大部分学员都进入观测台站工作，部分学员还成为天气预报与气象科学研究的业务骨干和高级研究员。

　　1936 年，竺可桢出任浙江大学校长。当时的浙江大学师资匮乏、办学条件差，竺可桢不仅高薪聘请苏步青、王淦昌等名师，还多方筹集经费购买设备，并且在录取学生时秉持宁缺毋滥的原则，只招收一流学生。在他的主持下，浙江大学人才济济，校风焕然一新。

　　在浙江大学期间，竺可桢将少年时学习的王阳明思想和在国外求学时的教育经历结合起来，凝聚成"求是"精神，并将"求是"作为浙江大学校训。

　　竺可桢不仅是"求是"精神的积极倡导者，更是一生笃行"求是"精神的楷模。他唯才是举，没有门户之见。在他的努力下，浙江大学聚集了一大批各领域的精英知识分子。竺可桢的惜才之心也使他获得了极好的口碑和声誉。

　　1937年抗日战争全面爆发后，竺可桢率师生举校西迁，胜利完成了中国高等教育史上的"文军长征"。西迁途中，他们还竭力保护我国清代珍贵典籍《四库全书》。

　　在浙江大学的 13 年，竺可桢将浙江大学从抗战前偏安一隅的地方性大学，建设成为拥有文、理、农、工、医、师范等多个学院的综合性大学，并成为当时中国最好的四所大学之一。

　　这位起初不愿做校长，后来因报国信念而选择暂时放下自己最爱的科研事业当起校长的科学家，被浙江大学的很多学生与老师视为最好的校长。

　　新中国成立后，竺可桢担任中国科学院副院长，为百废待兴的新中国殚精竭虑、贡献力量。1955 年至 1960 年，虽年事已高，但他仍经常到西北的黄土高原等地考察调研，以指导工作、制定规划。1962 年 6 月，他以 72 岁高龄加入中国共产党。

　　在大量实地考察的基础上，他写下《中国的亚热带》《物候学》等诸多重要学术论文与著作，产生了广泛的社会影响，为我国农业生产与科学研究作出了重要贡献。

　　他还在《论我国气候的几个特点及其与粮食作物生产的关系》中，分析光照、温度、降水对粮食生产的影响，指出我国农业生产潜力很大，并提出为更好发挥这些潜力应当采取的措施。这篇文章也很快得到当时国家领导人的赞许。

　　1972 年，82 岁高龄的他在《考古学报》上发表了《中国近五千年来气候变迁的初步研究》一文，该文章是他 50 年研究的成果，在当时引起了极大轰动。

  1964 年 2 月 6 日，毛主席邀请李四光、竺可桢和钱学森三位杰出的科学家到中南海的住处谈话。

  谈话一开始，毛主席就表扬了竺可桢的文章，并鼓励竺可桢多写文章："你的文章写得好！我们有个农业'八字宪法'，但它只管地，你的文章管了天，弥补了'八字宪法'的不足。"

  竺可桢回答说："天有不测风云，不大好管呢！"

  毛泽东幽默地说："我们两个人分工合作，就把天地都管起来了！"

　　竺可桢明白了毛主席邀请三位科学家谈话的目的，谦虚地回答："我们三个，一个管地下，一个管天上，一个管空中，真是齐全了。只是我觉得我的贡献太少，辜负了主席的重托。"

　　这番"天地谈"，让74岁高龄的竺可桢受到了很大的鼓舞。此后他虽身体抱恙，但仍以极大的热情投身工作，带领科研人员勇攀科学高峰。

　　在中国科学院工作时，竺可桢拒绝了单位给他安排的小车。不论天气多么恶劣，他都坚持步行上下班。他每天上下班都要穿过北海公园，下班回到家后，就将在公园里观察到的自然现象记到日记中。

竺可桢写下了厚厚的几十本日记。哪怕病危时，竺可桢仍用颤抖的手写下了一生中的最后一篇日记：

1974年2月6日，气温最高零下1℃，最低零下7℃。东风一至二级，晴转多云。

1974年2月7日，竺可桢在北京溘然长逝。

竺可桢笔耕不辍、刻苦攻关、著作等身、奖掖后学，一生秉持科学救国思想，笃行"求是"精神，坚持服务社会，在科学研究、人才培养、科学普及等方面开展了大量工作，为我国气象事业的发展作出重大贡献，是地理学界、气象学界的一代宗师，是我国近代科学家、教育家的一面旗帜。

中国近代气象科学奠基人竺可桢

延伸阅读

名词解释

蒙学：即"蒙馆"，旧时对儿童进行启蒙教育的学校。《三字经》《百家姓》《千字文》等是中国古代传统蒙学的主要教材。

气象学：运用物理学原理和数学、物理方法来研究地球大气中各种现象及其演变过程的科学，是大气科学的一个分支。人类航空、航海、水利、农业等活动都需要气象学的支持。

物候学：研究自然界的植物（包括农作物）、动物和环境条件（气候、水文、土壤条件）的周期变化关系的科学。其目的是认识自然现象的变化规律，以服务农业生产与科学研究。

气候变化：长期气候模式的统计性变化。竺可桢利用历史文献和物候记录，重建了中国近 5000 年的气候变迁史，他的研究成果是全球气候变化研究的重要参考。

天气预报：又称气象预报（测），是指运用现代科学技术对某一地点地球大气层的状态进行预测。在预测时利用卫星云图进行分析，能提高天气预报的准确率。

台风：发生在热带或副热带海洋上面的强烈气旋性涡旋。夏秋季节，台风是影响中国沿海地区的重要天气系统。我国把西北太平洋的热带气旋按其底层中心附近最大平均风力（风速）大小划分为 6 个等级，其中心附近风力达 12 级或以上的为台风。台风常会带来狂风、暴雨和风暴潮，给人类带来一定灾害。

二十四节气

二十四节气是中国人通过观察太阳周年运动，认知一年中时令、气候、物候等方面变化规律所形成的知识体系和社会实践，是一年中地球绕太阳运行到二十四个规定位置（即视太阳黄经每隔15°为一个节气）上的日期。其划分源于中国黄河流域，各节气分别被冠以反映自然气候特点的名称。它是中国上古农耕文明的产物，也是中国传统历法体系及其相关实践活动的重要组成部分。2016年11月30日，中国"二十四节气"被正式列入联合国教科文组织人类非物质文化遗产代表作名录。

当视太阳在黄经90°，阳光直射北回归线时，北半球昼最长、夜最短，称"夏至"；当视太阳在黄经270°，阳光直射南回归线时，北半球昼最短、夜最长，称"冬至"；当视太阳在黄经为0°和180°，阳光直射赤道时，昼夜平分，分别称"春分"和"秋分"。

"二至""二分"在春秋时期已由圭表测日影长短法确立。战国时，又在春分—夏至—秋分—冬至—春分之间各增一个节气，分别为立夏、立秋、立冬、立春，即"四立"。秦汉时，随着农业生产发展，又分别在这八个节气之间增加两个节气。至此，以不违农时为中心，反映一年四季变迁，雨、露、霜、雪等气候变化和物候特征的二十四节气完全确立，成为我国人民开展农事活动的主要依据。

我国幅员辽阔，同一节气各地气候变化不一，农事活动也有差异。西汉刘安《淮南子·天文训》中已有关于二十四节气的完整记载。西汉太初元年（公元前104年）实施的《太初历》首次将二十四节气写入历法。

庚子赔款

1900 年（庚子年）八国联军攻占北京后，清政府被迫于 1901 年（辛丑年）签订了丧权辱国的《辛丑条约》。条约规定，中国从海关银等税中拿出 4.5 亿两白银赔偿各国，并以各国货币汇率结算，按 4% 的年息，分 39 年还清，本息共计约 9.8 亿两。这笔赔款因庚子年义和团事件而起，通称"庚子赔款"。

世界气象日

每年的 3 月 23 日是世界气象日。1947 年 10 月，国际气象组织（1950 年 3 月更名为世界气象组织，1951 年成为联合国的专门机构）通过了《世界气象组织公约》，该公约于 1950 年 3 月 23 日正式生效。为了纪念这个有意义的日子，1960 年世界气象组织执行理事会决定，把每年的 3 月 23 日定为"世界气象日"，并从 1961 年开始，要求各会员方在每年的 3 月 23 日，围绕世界气象组织确定的主题举行活动，广泛宣传气象工作在人类生活和生产活动中的重要性及其作用。